스즈키 과정에 따른

신나고~! 재밌고~!

고 고

바이올린
교본

1

그래서음악

머리말

나무로 만든 활대에 말총을 붙여 만든 활로 현을 문질러 연주하는 바이올린은 화려하고 음색이 아름다운 대표적인 현악기로 많은 사람들의 마음에 깊이 자리 잡고 있습니다.

저는 많은 바이올린 교재를 출판하면서 어떻게 하면 어려운 악기를 재미있고 쉽게 접근해볼까 늘 고민하게 됩니다. 우리 정서에 맞는 교본으로 우리 어린이들의 마음 깊은 곳에 있는 음악의 샘물을 끌어 올려 좋은 감성, 아름다운 마음을 더해 바이올린 연주로 이어지기를 바라며, 아무쪼록 이 교본이 많은 도움이 되었으면 합니다. 이 교본이 나오기까지 도움 주신 그래서음악 대표님과 편집부 분들께 감사를 드립니다.

저자 김동수

차례

바이올린 연주하기

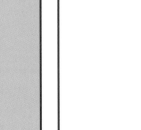

부록 – 유아들을 위한 특별 학습 활동

1. 나무로 만든 바이올린

바이올린의 앞판과 뒤판은 각각 성질이 다른 나무를 사용합니다. 앞판은 소나무과에 속하는 가문비나무로 가을에 벌목한 것이 가장 울림이 좋다고 합니다. 뒤판과 옆면은 비교적 단단한 나무인 단풍나무를 사용하며, 앞판의 부드러움과 뒤판의 단단한 나무의 오묘한 조화로 아름다운 소리를 이끌어냅니다.

2. 바이올린 유지 관리

바이올린은 나무로 되어있기 때문에 주변 환경에 민감합니다. 특히 습도·높은 온도 등 습하거나 건조한 곳을 피해 보관하는 것이 좋습니다. 여름철에 차 안에 오랫동안 보관하게 되면 높은 온도로 인하여 바이올린 색이 변하거나 치명적인 문제가 발생할 수 있으며, 겨울철에 너무 춥게 되면 바이올린 접합 부분에 균열이 생기게 되니 항상 좋은 환경을 유지하도록 해야 합니다.

3. 활 관리

활은 브라질 원산지인 브라질 우드, 페르남부코 우드와 주로 중남미의 스네이크 우드 등으로 만들고 활털은 말꼬리 털을 재료로 만들며 송진을 발라서 사용하므로 손으로 활털을 만지는 것은 피해야 합니다. 연습이나 연주가 끝나면 활 조절 나사를 풀어서 느슨하게 보관합니다.

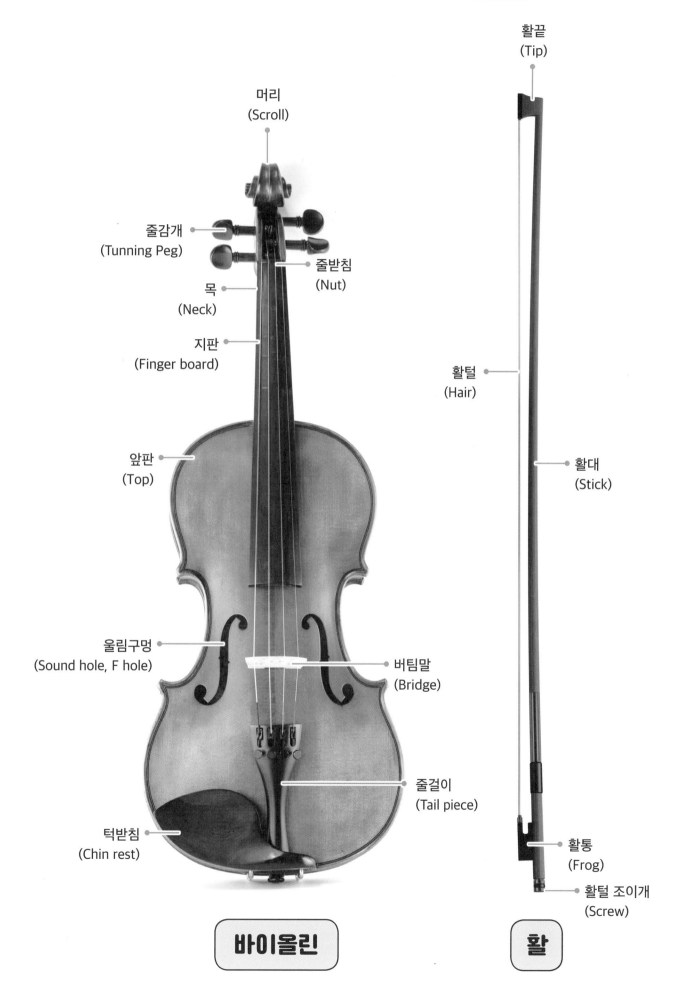

머리
(Scroll)

활끝
(Tip)

줄감개
(Tunning Peg)

줄받침
(Nut)

목
(Neck)

지판
(Finger board)

활털
(Hair)

앞판
(Top)

활대
(Stick)

울림구멍
(Sound hole, F hole)

버팀말
(Bridge)

줄걸이
(Tail piece)

턱받침
(Chin rest)

활통
(Frog)

활털 조이개
(Screw)

바이올린

활

각 현의 계이름과 활기호

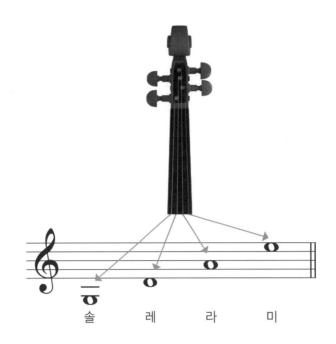

솔　레　라　미

내림활 기호(⊓)와 올림활 기호(∨) 표기

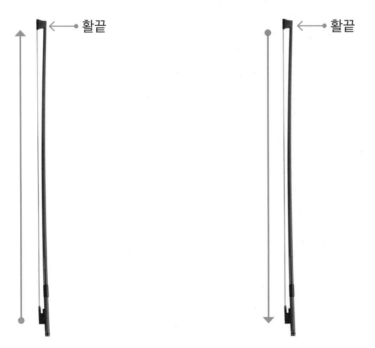

← 활끝 　　　　　　← 활끝

내림활(⊓) : 활을 내려 긋는 표시　　　　올림활(∨) : 활을 올려 긋는 표시

✏️ 따라서 써 보세요.

활을 잡는 방법은 매우 중요합니다.

활 잡는 법을 배우기 전에 먼저 기본적인 또는 보편적으로 잡는 법을 제시하고자 합니다.

보통 초보자에게 가르치는 것은 잡는 손가락의 위치입니다. 그러나 실제 연주할 때는 활과 손가락의 위치가 고정되어 있는 것이 아니라, 활의 끝 중간 밑 부분은 활의 긋는 모양을 바꾸는 데에 따라서 늘 손가락 모양이 변합니다.

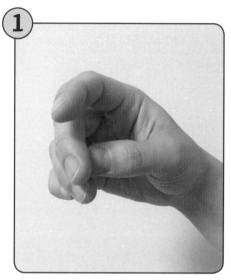

활을 잡기 전 엄지는 중지(가운뎃손가락)에 닿게 합니다.

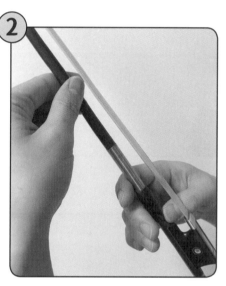

중지의 접촉점을 활밑 가까이 둡니다.

중지는 엄지와 마주 보며 활대를 감싸듯 구부리고 손톱에 제일 가까운 첫째 관절을 활대에 닿게 하고 약지는 활통(Frog, 프로그)에 가게 합니다.

검지(집게손가락)는 중지에서 조금 떨어져 두 번째 관절 부분에 활대를 감싸듯 대고, 새끼손가락은 약지에서 조금 떨어지게 하여 활대 위에 올려놓습니다.

활 체조

동작을 익힌 후 간단한 동요(작은 별, 나비야 등)를 선생님께서 연주해 주시고 리듬에 맞춰 활 체조 동작을 해 보세요.

어깨 운동

활을 잡고 팔을 쭉 편 상태에서 팔을 좌우로 움직이는 동작을 반복합니다.

팔꿈치 운동

활을 쭉 편 상태에서 팔꿈치를 구부렸다 폈다를 반복합니다.

손목 회전 운동

활과 팔이 수직이 되도록 하고, 손목을 오른쪽으로 돌렸다가 다시 왼쪽으로 돌리는 동작을 반복합니다.

손목 수직 운동

팔을 위로 든 다음 활과 수직이 되도록 팔을 펴고, 활의 직각 상태를 유지한 채 팔을 내렸다 올렸다 하는 동작을 반복합니다.

보잉(활 쓰기) 예비연습

활 대신 연필을 쥐고 손목을 구부려 코에 댔다가 배꼽 쪽으로 쭉 펴서 내리는 연습을 반복합니다.

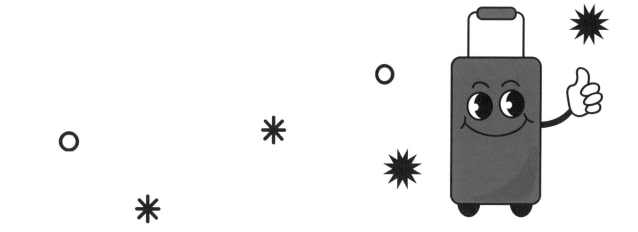

바이올린 바르게 잡기

발을 어깨 넓이로 벌리면서 몸의 긴장을 풀어줍니다.

몸은 정면을 향하고, 고개는 왼쪽 어깨와 평행을 이루도록 돌립니다.

왼쪽 팔을 쭉 편 상태에서 눈의 방향은 바이올린 머리를 향합니다

바이올린이 팔을 따라서 어깨 위로 놓이게 하고 턱받침에 턱을 밀어 넣듯이 댑니다.

턱과 어깨로 힘을 주어 바이올린을 잡고 팔은 내립니다.

바른 연주 자세 따라하기

앞에서 본 모양

옆에서 본 모양

활 쓰기에 사용되는 부분 명칭

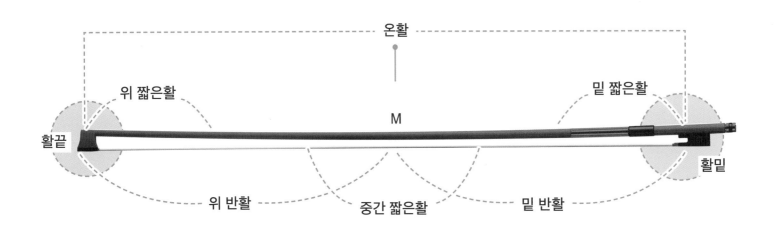

온활

위 짧은활   밑 짧은활

M

활끝   활밑

위 반활   중간 짧은활   밑 반활

연주할 때 활의 각각 위치

밑에서의 자세

중간 활에서의 자세

위 활에서의 자세

바이올린 연주하기

미(E) 개방현 소리 내기

바이올린을 처음 연주할 때는 긴 활로 접근하는 것보다 짧은 활로 8분음표(♪)나 4분음표(♩)로 연주하는 것이 쉽습니다. 짧은 활로 ⊓(내림)과 ∨(올림)을 반복하면서 시작해 보세요.

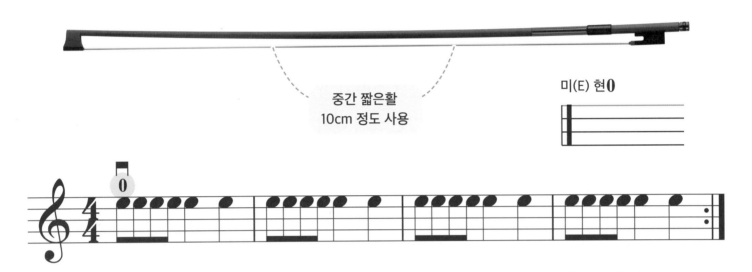

0(개방현) – 왼손 손가락으로 줄(지판)을 누르지 않고 연주하는 것을 말합니다.

⊓(내림활) – 내림활로 시작하세요.

‖: (도돌이표) – 처음으로 돌아가서 한 번 더 연주합니다.

라(A) 개방현 소리 내기

라(A) 현❶

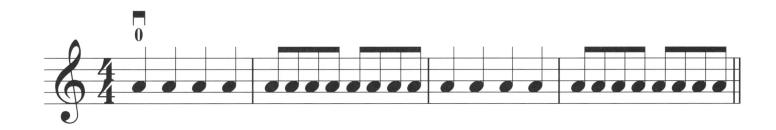

온음표(온활 연습)

 온활 연습을 할 때는 될 수 있는 한 활을 천천히 사용하면서 힘을 고르게 주어 ┌┐(내림) 4박, Ⅴ(올림) 4박을 반복해서 연습하세요.

개방현 옮기기

미(E), 라(A)현 연습

처음에는 활을 잠시 멈추고
미(E)현으로 활을 옮겨서 연습하세요. (숙달되면 연결하여 연주합니다.)

라(A), 레(D)현 연습

레(D) 현 0

레(D), 솔(G)현 연습

솔(G) 현 0

⇨ 53~54쪽의 '리듬카드'를 만들어 개방현 연습에 재밌게 사용해 보세요.

미(E)현 음계 연습 1

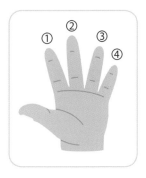

1번은 집게손가락

2번은 가운뎃손가락

3번은 약손가락

4번은 새끼손가락으로 누릅니다.

0은 개방현(손가락으로 줄을 누르지 않는) 기호입니다.

♯(샤프) ─ 우리말로 '올림표' 라고 하며, 원래 음에서 반음 올려 짚으라는 표시입니다.

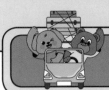

4분음표와 2분음표 연습

활을 아껴서 천천히 2박 동안 연주합니다.

〈왼손 운지법〉
지판을 누르는 손가락에 무리하게 힘을 주어 누르지 말고 적당한 힘으로 누르도록 노력해 보세요.

⇨ 55쪽의 '음계카드'를 만들어 미(E)현에서의 음계 연습에 재밌게 활용한 다음,
  '메리의 어린 양'을 연습해 보세요.

메리의 어린 양

미국 민요

1, 2번 손가락을 지판 위에 준비하고 연주하세요. 처음에는 아주 느리게 하고, 어느 정도 익숙하게 되면 좀 더 빠르게 연습하세요.

라(A)현 음계 연습

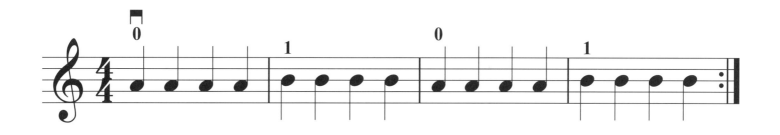

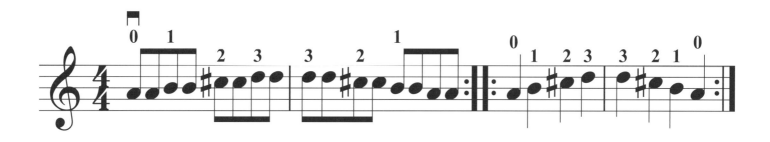

라(A), 미(E)현 혼합 연습

현 바꾸기 연습

💡 **좋은 소리 내기**

활털이 바이올린 줄에 닿아 소리 내는 지점부터 아름다운 소리를 낼 수 있도록 활의 힘 배분과 활의 속도를 일정하게 연습하며, 처음에는 활털을 너무 눕히지 말고 줄에 다 닿게 연습한 후 어느 정도 숙달되면 활털을 자연스럽게 눕혀서 연주합니다.

➡ 57쪽의 '음계카드'를 만들어 라(A)현에서의 음계 연습에 재밌게 활용한 다음,
  '메리의 어린 양'을 연습해 보세요.

메리의 어린 양

미국 민요

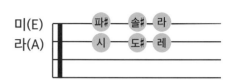

가장조 음계

가장조 음계는 가(계이름 라)음부터 시작하는 음계로,
파·도·솔 음 자리에 ♯(샤프)를 붙여서 만들어집니다.

| 미(E) | 파♯ | 솔♯ | 라 |
| 라(A) | 시 | 도♯ | 레 |

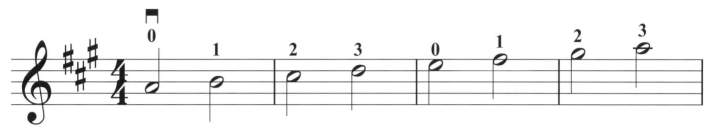

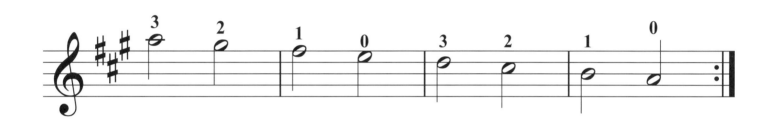

똑같아요

외국 곡

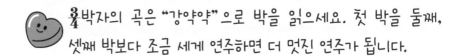

¾박자의 곡은 "강약약"으로 박을 읽으세요. 첫 박을 둘째,
셋째 박보다 조금 세게 연주하면 더 멋진 연주가 됩니다.

똑같아요 [변주]

'변주'란 원곡의 리듬·가락·화성 등을 여러 방법으로 변화시켜서 연주하는 것을 말합니다.

곰돌이 높이뛰기

펭귄 계단 오르기

김동수 작곡

펭귄 출발 첫째 계단 둘째 계단 셋째 계단 짠

응급차 놀이

김동수 작곡

(글리산도) – 박자에 신경 쓰지 말고 응급차 사이렌처럼 연주한 후 다음 마디로 넘어가세요. 다른 줄에서도 연습해 보세요.

산타클로스 오시네

외국 곡

악기를 잘 지탱하기 위한 연습

━ 2분쉼표=2박 동안 쉽니다.

지도 방법

1. 위 악보를 보고 충분히 연습하세요.

2. 선생님과 마주 봅니다. 그룹 지도일 경우 학생끼리 짝지어 게임 형태로 시켜도 좋습니다.

3. 쉼표와 개방현으로 연주하는 부분에서는 바이올린에서 왼손을 내리고 선생님(또는 짝)과 악수한 후 다시 손을 올려 연주합니다. 만약 혼자 연주할 때는 본인의 배꼽 부분에 왼손을 대었다 다시 연주합니다.

4. 27쪽 '작은 별'을 연주할 때 개방현 부분에서 손을 내려 연주하고, 줄을 짚을 때 다시 손을 올려서 연주합니다.

작은 별

예비 연습

라(A)현에 1·2·3번 손가락을 미리 준비합니다.

프랑스 민요

- 둘째 마디 '미' 개방음을 연주하면 1·2·3번 손가락을 라(A)현 쪽으로 미리 준비합니다.
- 활 사용할 때 무리한 힘을 주지 말고 편안한 마음으로 연주해 보세요.

프랑스 노래

프랑스 민요

- 활 폭을 조금 늘여서 좀 긴활로 연주해 보고, 2박이나 3박 음을 연주할 경우 활을 아껴서 사용합니다.
- $\frac{3}{4}$박자의 곡으로 "강약약"을 살려서, 각 마디의 첫 음을 조금 세게(강박) 연주한다고 생각하면서 연습하세요.

28

나비야

독일 민요

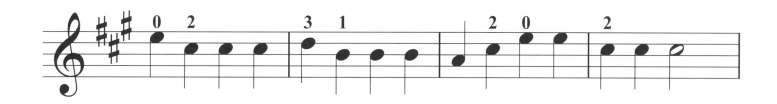

징글벨

예비 연습

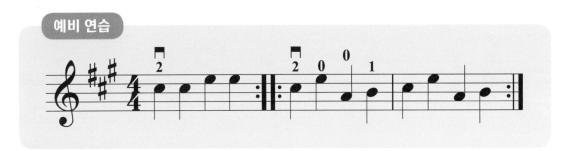

↺ – 활 바꾸기 표

J. 피어폰트 작곡

 이 곡은 4분음표와 2분음표 혼합 연습입니다. 4분음표는 활을 조금 짧게 사용하고, 2분음표는 활을 조금 길게 사용하여 연주해 보세요.

튼튼 탄탄 테크닉 연습 2

☀ 8분음표를 위한 왼손가락 예비 연습

중간 짧은 활을 사용하고, 왼손이 잘 될 때까지 연습해 보세요.

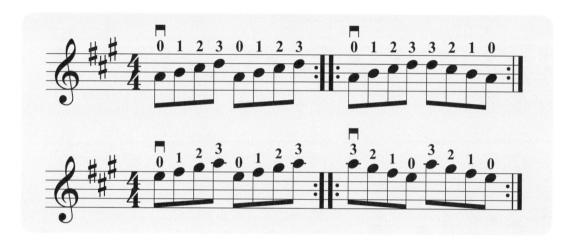

스타카토 연습
스타카토(·)는 음표 머리에 점을 찍어서 나타내며, 원래 음표의 $\frac{1}{2}$ 정도 길이로 연주합니다. 스타카토의 연주 방법은 손가락의 압력과 손목을 이용하여 활을 멈추면서 음이 뚜렷하고 깨끗하게 끊어지도록 연주합니다.

 쉼표일 때 활의 밀착 정도와 손목의 힘과 활의 속도를 잘 배분하여 끊고, 다음 음이 선명한 소리로 이어지도록 연습하세요.

세레나데

P. I. 차이콥스키 작곡

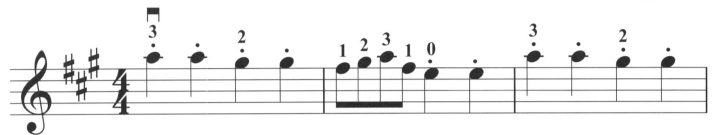

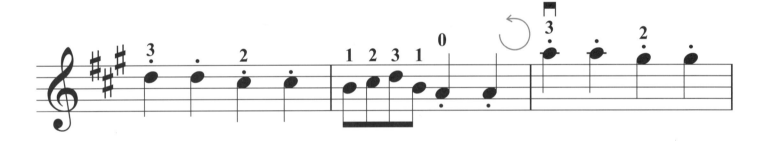

아기 걸음마

김동수 작곡

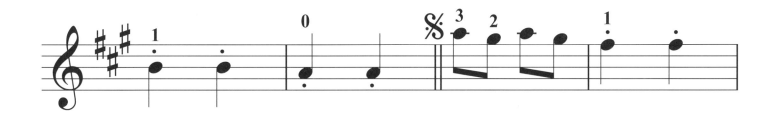

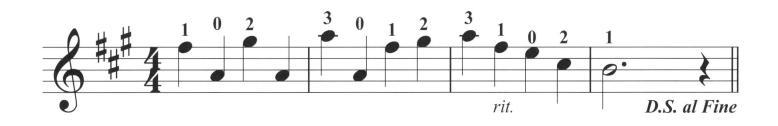

 *D.S. al Fine*는 '달 세뇨 알 피네' 라고 읽으며, *D.S.*(달 세뇨)에서 𝄋(세뇨)가 있는 곳으로 돌아가 반복 연주한 후 *Fine*(피네-끝 마침)에서 마칩니다.

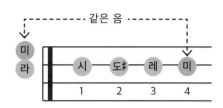

4번 손가락 연습

라(A)현 연습

라(A)현에서 4번 손가락 '미' 음은 미(E)현 개방음과 소리가
같습니다. 소리를 잘 비교하면서 연습해 보세요.

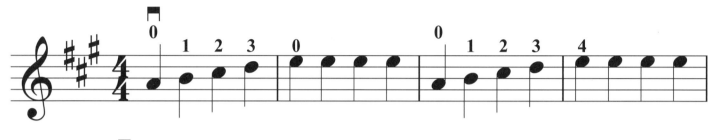

곰 세 마리

작자 미상

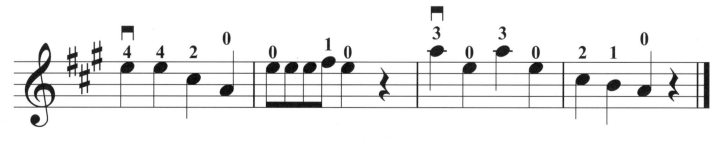

미(E)현 연습

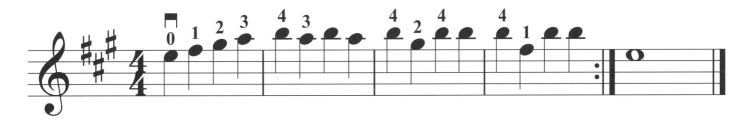

얼레리 꼴레리

전래 동요

김동수 편곡

원래의 리듬(♪♪)으로도 연습해 보세요.

왼손가락 연습

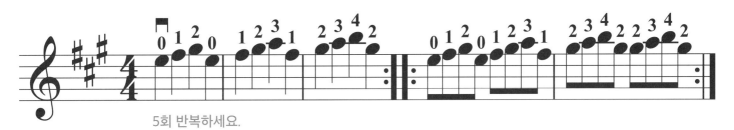

5회 반복하세요.

새싹들의 속삭임

예비 연습

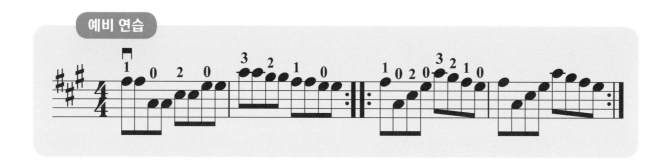

김동수 작곡

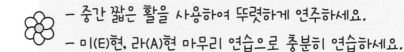

- 중간 짧은 활을 사용하여 뚜렷하게 연주하세요.
- 미(E)현, 라(A)현 마무리 연습으로 충분히 연습하세요.

36

레(D)현 음계 연습

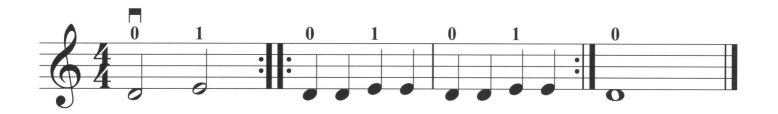

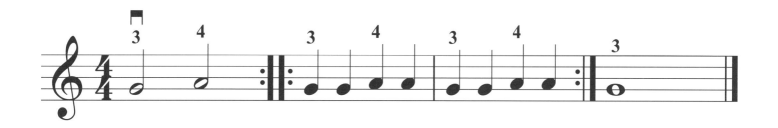

라장조 음계 1

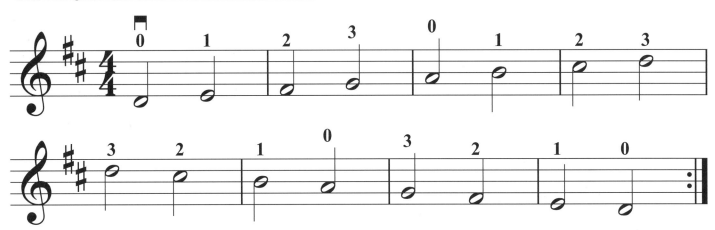

알레그레토

조금 빠르게

김동수 작곡

rit.

a tempo

활을 잠시 멈추었다가

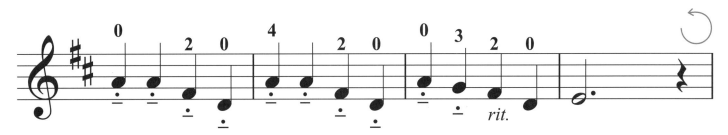

 🎵 (늘임표) - 그 음을 2배 또는 3배로 늘여서 연주합니다. 원어로는 '페르마타' 라고 읽습니다.

a tempo(아 템포) - 본래의 빠르기로

고향을 떠나야만 해요 (Muss i denn – 무스 이 덴)

프리드리히 질허 작곡

처음 접하는 점4분음표의 리듬은 조금 어려울 수 있습니다.
다음과 같이 말리듬으로 연습하면서 그 리듬을 익히세요.

즐거운 추수

작자 미상

 짧은 활을 사용하여 즐거운 마음으로 생기 있게 연주해 보세요.

미(E)현 음계 연습 2

미(E)현에서 가장조 음계와 라장조 음계 비교

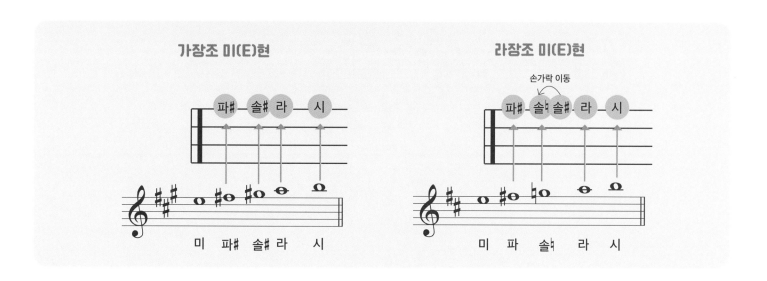

가장조 미(E)현   라장조 미(E)현

♯(샤프) – 올림표, 반음 올려줍니다.

♭(플랫) – 내림표, 반음 내려줍니다.

♮(내추럴) – 제자리표, ♯나 ♭에 의해 변화된 음을 다시 제자리로 보내줍니다.

환희의 송가

예비 연습

붙임줄 - 같은음끼리 줄로 붙여 놓은 줄을 말합니다.
2박 동안 붙여서 연주하세요.

베토벤 작곡

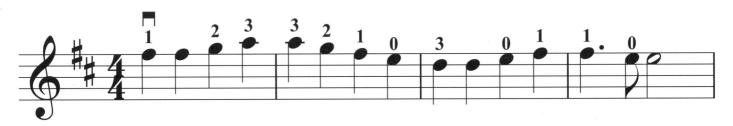

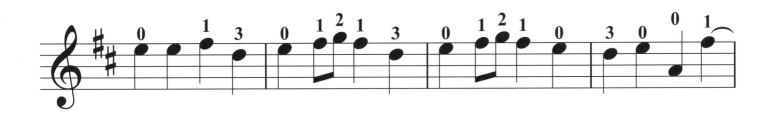

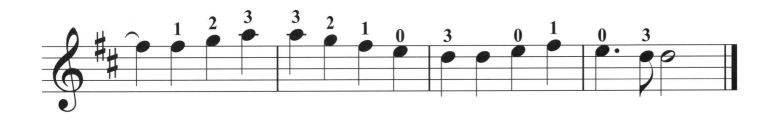

라장조 음계 2

라장조 음계 2

라장조 음계 2

레(D), 라(A), 미(E)현에 의한 음계

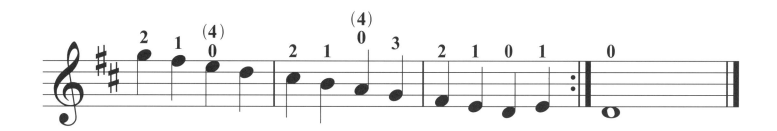

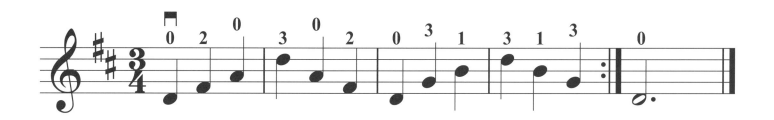

새로운 음 라♯, 미♯ 예비 연습

사랑의 인사

엘가 작곡

애국가

안익태 작곡

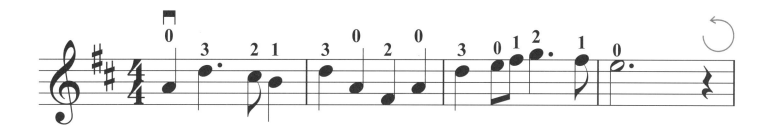

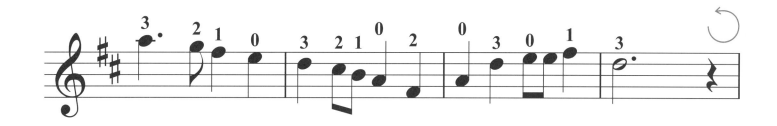

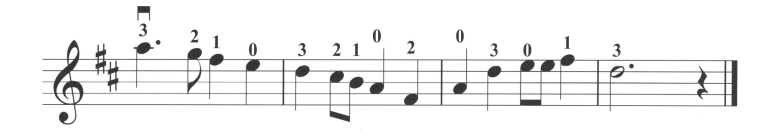

할아버지의 시계

H. C. 워크 작곡

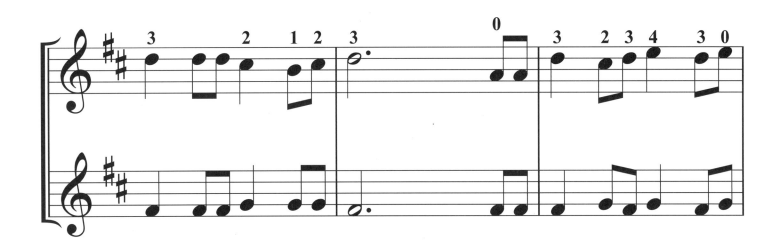

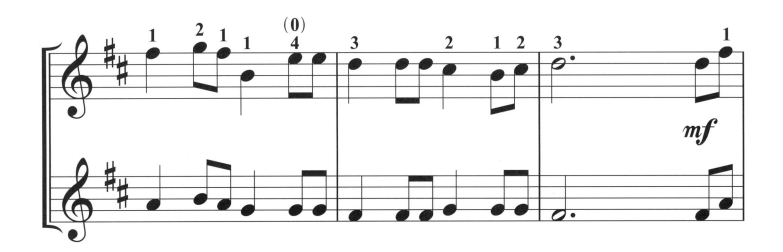

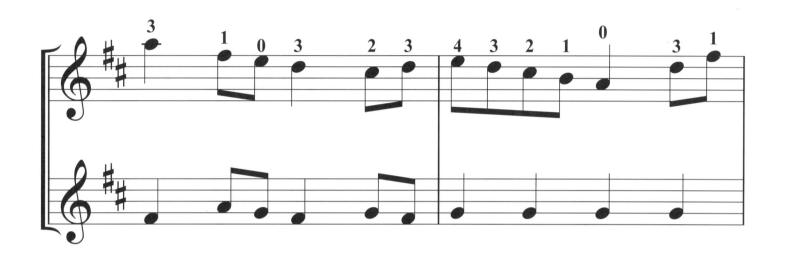

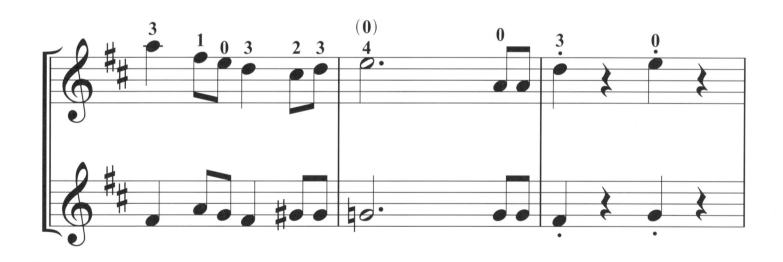

부록

유아들을 위한
특별 학습 활동

1. 4~7세 유치부를 위한 단계적 지도법

유치부 수업 가이드
유치부 리듬 공부
리듬카드 활용법
음계카드 활용법

2. 기초 테크닉을 위한 연습

왼손 음정과 오른손 리듬 연습을 위한 교재

1

4~7세

유치부를 위한

단계적 지도법

유치부 수업 가이드

제1수업 먼저 학생과 충분한 대화로 친근감을 높인 후 53~54쪽에 있는 리듬카드 사용 방법을 설명합니다. 리듬카드로 여러 리듬꼴을 만들어 리듬을 인지시키면서 카드 앞 그림으로 언어 리듬을 표현하게 하여 뒷면의 실제 리듬을 알게 합니다.

제2수업 바이올린을 목과 어깨에 올리게 한 다음, 선생님은 '작은 별', '학교', '똑같아요' 등 동요들을 연주하면서 학생에게 바이올린 지탱 연습을 시킵니다. 이어 발뒤꿈치를 드는 동작, 한 바퀴 돌기 또는 무릎을 살짝 구부리는 등의 여러 동작을 시키면서 인내심과 악기 지탱을 흥미 있게 이끌어 줍니다.

제3수업 준비물 - 리듬카드

제2수업에서 배운 활 잡는 방법이 어느 정도 되면 바이올린을 이용하여 활을 바이올린에 대고 리듬카드를 한 장씩 배열합니다. 아이들은 리듬카드에 있는 리듬을 연주하면서 리듬 감각을 익히고 어느 정도 숙달되면 실제 바이올린을 사용하여 접근해 보도록 합니다.

연주를 할 때 보편적으로 사용하는 리듬은 다소 흥미가 떨어지는 경우를 볼 수 있습니다.
여기서 사용하는 리듬은 생활 속 리듬 즉 언어 리듬을 사용하여 흥미를 높여 주고자 합니다.

곰돌이 친구들이 놀러 왔어요.
"곰 곰 곰 곰" 하면서 곰 리듬카드와 음표카드를 보고
한 박에 한 번씩 손뼉 치기를 합니다.

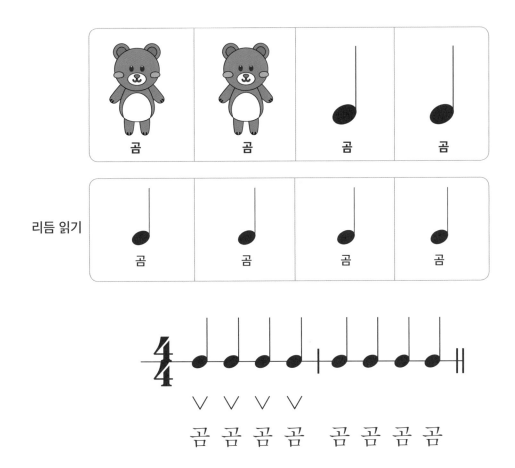

52쪽의 "펭귄"과 "칙칙폭폭"도 같은 방법으로 지도해 주세요.

51

곰돌이하고 즐겁게 노는데, 펭귄도
"나하고 놀아 줘" 하네요.

리듬 읽기

펭 귄 펭 귄 펭 귄 펭 귄

곰돌이와 펭귄이 너무나 친해져서
기차를 타고 "칙칙폭폭" 여행을 가요.

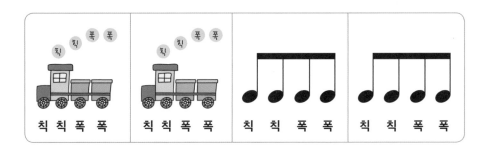

8분음표 ♪가
여러 개 있을 때는

와
같이 붙여서 그려요.

칙 칙 폭 폭 칙 칙 폭 폭　칙 칙 폭 폭 칙 칙 폭 폭

리듬카드 활용법

가위로 리듬카드를 잘라서 사용하세요.

카드 앞면 그림으로 언어 리듬을 익히고, 이후 뒷면 음표를 보고 개방현 연습을 하세요.

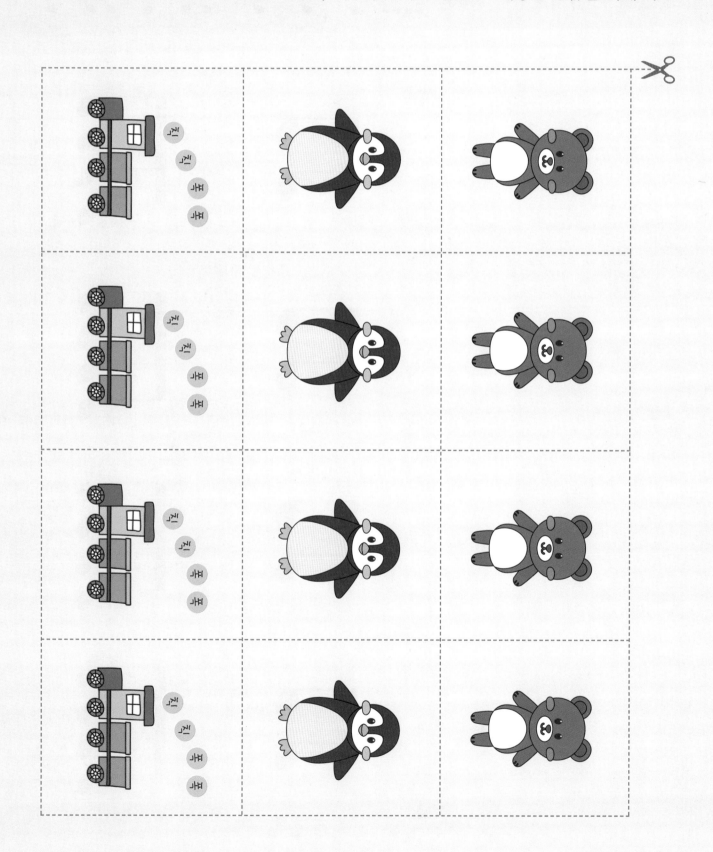

먼저 카드 앞면의 같은 그림을 나열하여 바이올린으로 연습하고,

이어서 여러 카드를 적절히 배열하여 연습하세요.

선생님이 배열해 주고 잘 되면, 어린이들이 직접 배열하고 연습해 보세요.

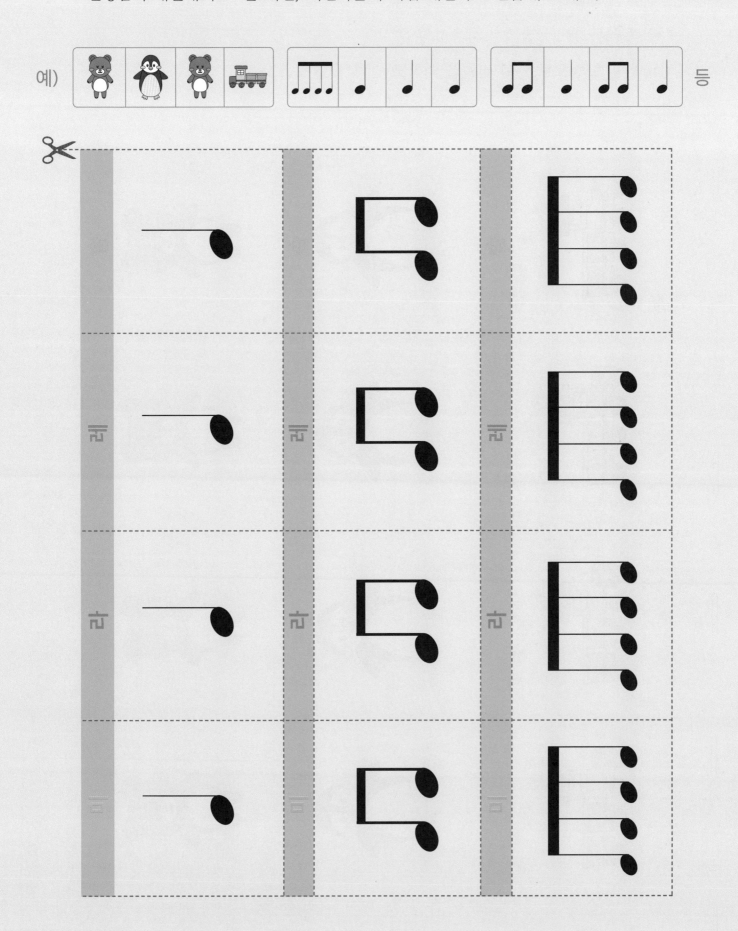

16쪽 '미(E) 개방현 소리 내기' 연습을 참고하여 처음에는 카드 한두 개로 음계를 배열해 보고 더 숙달되면 여러 개로 카드의 개수를 늘려 보세요.

카드를 '메리의 어린 양' 형태로 배열하여 첫 곡을 연습해 보세요.

음계카드
사용 예

음계카드로 라(A)현까지 연습하고, 22쪽의 '메리의 어린 양'을 연습해 보세요.

22쪽 연습 후 23쪽으로 이어서 연습하세요.

카드를 '메리의 어린 양' 형태로 배열하여 첫 곡을 연습해 보세요.

음계카드
사용 예

기초 테크닉을 위한 연습

[왼손 음정과

오른손 리듬 연습을 위한 교재]

1권 과정을 배우는 동안

이 테크닉을 꾸준히 연습하세요.

왼손 음정과 오른손 리듬 연습

음정 연습 '라'와 '시'

리듬 연습 ♩♩(4분음표)와 ♩(2분음표)   리듬 연습은 손뼉을 치면서 입으로 습득 후 악기로 해 보세요.

음정 연습 '도#'

리듬 연습 ♩♩(4분음표)와 ♩(2분음표)

음정 연습 라(A)현-'레'

1.

2.

3.

4.

리듬 연습 4분쉼표(𝄽)

1.

2.

3.

4.

音정 연습 버튼은 이미지로.

음정 연습

1.

2.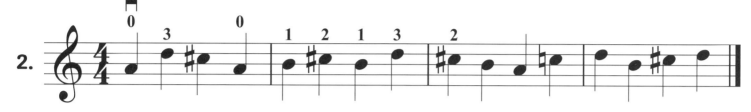

3.

4.

리듬 연습 8분음표

1.

2.

3.

4.

음정 연습 미(E)현-'미'(개방현)

1.

2.

3.

4.
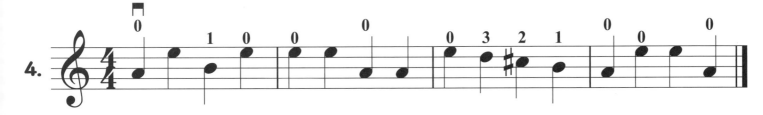

리듬 연습 4분음표, 2분음표, 온음표

1.

2.

3.

4.

음정 연습 미(E)현-'미'(개방현)

1.

2.

3.

4.

리듬 연습 4분음표, 2분음표, 온음표

1.

2.

3.

4.

음정 연습 미(E)현 - '파#', '솔#'

1.

2.

3.

4.

리듬 연습 종합

1.

2.

3.

4.

음정 연습 미(E)현- '라', '시'

레슨 __월 __일

1.

2.
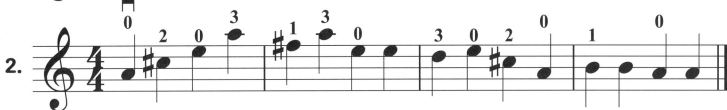

3.

4.
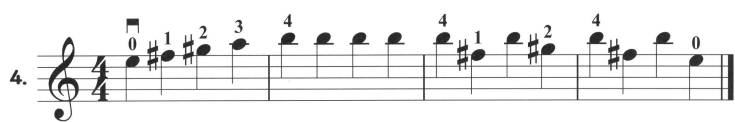

리듬 연습 붙임줄에 의한 리듬

1.

2.

3.

4.

발행일 2025년 2월 20일

편저 김동수
발행인 최우진
편집 김은주
디자인 김세린

발행처 그래서음악(somusic)
출판등록 2020년 6월 11일 제 2020-000060호
주소 경기도 성남시 분당구 정자일로 177
이메일 book@somusic.co.kr

ISBN 979-11-93978-61-0 (94670)
　　　979-11-93978-60-3 (전 4권)

ⓒ 2025 SOMUSIC All rights reserved.

이 책의 무단 전재와 복제를 금합니다. 파본은 구입하신 곳에서 교환해 드립니다.